Analogien in Bernstein
an digitalen Stränden

www.martinwessely.com

Analogien in Bernstein an digitalen Stränden

Martin Wessely

Wieder um billig billig, dennoch gut. Beides geht natürlich nicht, zusammen schaffen wir das Vertrauen, hoffen, mit Teamgeist geht alles besser. Kommittierende Sprachbilder, kompromittierende Einzelheiten. Zusammensein ist fast immer gut. Lassen Sie sich entführen in die Welt... der Plattenkratzer. Hier gibt es alles, nur keinen Klartext. Aber der kluge Leserin findet doch alles, was sie sucht in diesen verlassenen Tankstellen in kommenden Wüsten. Kein Fehler in der Rechtschreibung. Alles Methode. Word.

Bibliografische Information der Deutschen Nationalbibliothek:
Die Deutsche Nationalbibliothek verzeichnet diese Publikation in
der Deutschen Nationalbibliografie; detaillierte bibliografische
Daten sind im Internet über http://dnb.dnb.de abrufbar.

© 2019 Martin Wessely, r2

Herstellung und Verlag:
BoD – Books on Demand, Norderstedt

ISBN: 978-3-7431-6750-6

1. Stand up

(Raum für Lockerungsübungen. Erwartungs-Shiatsu)

Unvernünftig im Sommer

Wie man weiß,
ist Eis nicht heiß.
Es hieße nicht Eis,
wär es heiß.
Was für ein Scheiß!
Das kann ich doch auch,
ruft der Landmann
und tappt in den Haufen,
den der Dichter ihm listig
vor die Füße schrieb.
Letzterer schleckt
das besagte Eis,
lächelt leis und sagt listig:
Ich weiß.

The Circle

Ein Mann sitzt allein
in der Küche, in der Nacht,
und schreibt über die
Einsamkeit eines Mannes,
der nachts allein am
Küchentisch sitzt. Es
wird ein lebenssatter,
autobiographischer Text.
Dass Kekse und kalte Milch
gegen Schlafstörungen
helfen, hat er irgendwo
gelesen.

Der Abstieg

Ich ging zum Barbier von Sevilla,
und trank mit ihm einen Tequila,
Dann traf ich den ollen Othello,
verschwor mich mit ihm beim Brunello,
darauf dann aufs Haus einen Ouzo,
da war ich zu Gast bei Caruso,
später trank ich alte Pflaume,
ein Holländer war mit im Raume,
alsbald jedoch fliegend verschwunden,
er habe ein Kap zu umrunden.
Mit Goethe nahm ich einen Korn,
der brachte mich weiter nach vorn,
bei Lessing gab es Aquavit,
den nahm ich schlussendlich
auch noch mit, ließ den Abend
dann aber bei einem schönen
Dosenpils in der Frittenbude
bei Manni ausklingen. Pommes
Schranke, die "Titanic Tits"
schon stark zerlesen.

Das traurige Lied vom Montag

Einst hielt ich mich für einen Künstler, zumindest beschloss ich, es künftig zu sein, da wurde es finanziell finster, ich fragte mich, soll das jetzt immer so sein? Das Dach voller Löcher, der Kühlschrank stets leer, ab heute zu teuer: der Kurztrip ans Meer. Ich nannte es Werk, die anderen Scheiße, ein lyrischer Zwerg, westlich der Neisse. Da ging ich zurück zur großen Maschine, schwor der Kunst ab, zurück auf die Schiene. Willst künftig du sein eine fleißige Biene, so fragte man mich ob ich denn verdiene, dass man mir künftig vertraut. Sind alle Allüren verdaut? Das Ende vom Lied: ein Platz am Fenster. Verschwunden sind die heeren Gespenster. Ich diene gehorsam und hau in die Tasten. Ein Künstler sei besser Experte im Fasten.

Die Schicksalszeche

Ein Mann hat nicht ins Bett gefunden,
ist runter in die Stadt verschwunden,
dort hat er einen Freund getroffen
und sich sodann mit dem besoffen.
Der Abend war weit fortgeschritten,
fast hätte man sich gar gestritten.
Des Freundes Witze wurden rüde,
woran man merkt, er wurde müde,
sank zusammen, peu a peu,
sagte schließlich ganz adieu.
Doch unser Mann, noch immer munter,
kippt den nächsten Kurzen runter.
Ein Freund ist weg, zwei Neue kommen,
der Held ist bereits stark benommen.
Der eine sagt, er wär der Tod
und wird dabei mitnichten rot,
gestatten, Morpheus, sagt der Zweite,
der Held denkt sich, ich such das Weite,
es gibt zu viele Irre hier,
vielleicht wars schlecht, das letzte Bier,
doch kann er sich nicht rühren,
versiegelt sind die Türen,
die Fenster sind verschlossen
und fort die Trinkgenossen.
Zur Linken sitzt der Oberschläfer,
zur Rechten harrt der Totenschäfer,
streckt den dünnen Finger aus:
Von uns bringt einer dich nach Haus,
wer soll heut Nacht dein Führer sein,
der Träumer hier, sonst bist du mein.
Der Zecher denkt nicht lange nach,
er ist kein Freund von Ungemach,
und möchte gerne weiterleben,
verspürt in sich noch manches Streben.

Er sagt, ich bin bereit zu gehen,
der Tod verspricht: Auf Wiedersehen.
Der Andre bringt den Mann zu Bett,
Man plaudert, es ist richtig nett.
Dann, endlich hat der Schlaf Erbarmen,
der Trinker ruht in Morpheus Armen.
War das ein Traum, war es real?
Im Endeffekt ist das egal.

Gipfelkreuz

Kaum fange ich an zu schreiben,
hört ihr auf zu lesen. Kaum traue
ich mich, Mädchen anzusprechen,
bin ich ein alter Knacker. Kaum
weiß ich, wie alles zusammenhängt,
sehe ich die vielen Fahnen, die
meine Vorgänger an diesem Punkt
als Beweise ihrer Klugheit hissten.
Ihre Spuren führen ins Nichts, doch
von ferne ist ein Lachen zu hören.

Schneefuchs

Meine neue Masche
ist die Wolldeckentasche.
Im Winter. Ich habe sie
gestrickt, die Füße
sind gesteckt und
lückenlos bedeckt.
So mag ich den Slam
verlieren, aber nun
muss ich nachts nicht
mehr frieren.

Relevantes

Es sei Ismus kreischen sie,
kaum beugt sich Gomringers Knie,
vor dem Weib, es anzubeten,
Avenidas zu betreten.
Sinnend lehn ich mich zurück,
wahrlich, tolles Bubenstück,
Jemand hatte zuviel Zeit
und war aufregungsbereit.
Mein Blick geht zum Fenster raus,
Taube auf dem Nachbarhaus
plant, die Straße zu bescheißen,
mag auch Avenida heißen.
Kommentieren mit dem Po,
inspiriert geh ich aufs Klo.

1 Stunde Deutschunterricht oder
"In the mix"

Lange while not why I'm here,
ein Maßhalter trinkt nachts
Wachholder-T, Shirt gestärkt,
Come in der Back-Pocket,
Pomade im Waschsalon und
im Apple, pfui! Der Abend
ist noch long John Silver,
let a candle führ uns an
der Nase nackt die Party.
What?!

Erleichterte Matrosen
(für Michael Ende)

Einst zogen dreizehn Halunken
begleitet von Raunen und Unken
durch schrecklich dunkle Spelunken,
dort hat es entsetzlich gestunken,
doch haben sie fröhlich gewunken,
es flogen förmlich die Funken,
denn sie waren tüchtig betrunken,
sie wärn ja beinahe versunken.

Boygroupie

Last night you were tru,
yes we're thru.
And Im feelin blue,
coz of you.
Thought I'd see you through,
but this feelin is nu.
You're breakin my heart,
it tears me apart,
I drive thru the night,
to make it alright,
as if that had ever delivered.
Its cold outside, I just shivered.
But ... wait.
Why not let you go,
have we not grown slow?
I am letting you go,
don't you know?
I think I'll be trippin,
quite long while you're slippin.
Whatever that means,
here, have some baked beans.
Someday we might meet,
but now I am crossing the street.
Because over there,
by the lantern, oh yeah,
the next bitch is waiting,
and anticipating.
She does not know it,
I suck as a poet,
but recycling my song,
has never gong wrong.

2. Involviere Weibliches

(Raum, ihn anderen zu lassen)

Millenial bitch

Was soll mich kicken,
wenn wir nicht mehr ficken?
Worüber sollen wir reden,
im Urlaub in Schweden?
Ich lese James Joyce,
du träumst vom Rolls Royce,
ich sitz gern im Pub,
du willst in den Club.
Mädchen, du bist schön,
das kann jeder sehen,
doch nicht besonders nett,
vielleicht geschickt im Bett,
ich nur ein alter Spinner,
und wahrlich kein Gewinner.
Nur eines eint uns beide,
auch das kein Grund zur Freude:
Ein paar Jahrzehnte weiter
sind wir am Ende der Leiter.
Reichen uns doch noch die Hände.
Versöhnliches Ende.

Das Trennungsjahr, Selbstmitleid und
Neugründung eines Hausstandes

Zwei Dinge sind aus
dem Weltraum zu erkennen:
Die chinesische Mauer
und meine ToDo-Liste.

8 Minuten

Schneefall weiß
die Stunde, Freitag,
schöner Chinesin
Wochenendgedanke
bleibt stiller Impuls,
anschwellend der
Arbeiter Gesang auf
die letzten Stunden
dieser Woche.
Ratloses Bedenken
vor großem Feierabend.

Allgemeinplätzchen

Deine Trauer spiegelt
sich in meinen Augen.
Doch in einen Spiegel
sieht niemand hinein,
nur darauf und ich
bleibe hier drinnen allein.
Ich werde winken,
wenn du gehst, aber
du wirst nur wieder deine
eigenen Tränen sehen.

Sonntäglicher ck-Impuls

Solang ich mich unter
der Decke verstecke,
und Pflichten damit
zu entkommen bezwecke,
entgeht mir die Süße
der müßigen Ecke,
drum weile ich hier
ganz bewusst und schrecke
nicht auf, als ich schließlich
auch dich entdecke
und mit dir gemeinsam
das Laken beflecke.

Die Mitwirkenden

Du machst mir
mich zum Vorwurf.
Du redest dich raus
aus mir. Du glaubst
zu wissen wer ich
bin es leid.
Die Jahre waren nicht
vergebens, das wissen
wir, vielleicht knallt
deshalb die Tür.

Flughafenparkplatzgefühl

Einmal zuviel gelogen,
einander einmal zu oft betrogen,
bleibt man sich aber doch gewogen,
im Stillen die Trennung schon lange vollzogen.
Man wurde sich nie mehr einig,
der gemeinsame Weg ist zu steinig.
Einer will den Ball flach halten,
die andere hoch hinaus,
endlose Diskussionen, am Ende
rennt einer raus. Türen schlagen.
Dann wird gemeint und gewunken,
geweint und getrunken.
Manche Kränkung wird vergessen,
manche Hoffnung war vermessen.
Die Zeit geht drüber hin,
man fragt sich nach dem Sinn,
rhetorisch, wir sind im Fluss,
bis das Erinnern beginnt,
manches Detail verschwimmt.
Das Schlechte in den Nebel treibt,
zuletzt nur noch die Freude bleibt.
Wie sie schmeckt, an dieser
oder jener Stelle. Ha, der Sommer.
War es schön?
Irgendwie schon.

H1_Lyrics für

Frisch gemähtes Heu, geöffnete Manschetten, Sandalen irgendwo, Weide am Fluss, die Autotür offen, Zikaden, die Dämmerung in Aix. Ein Bild für dich Schöne, im Überschwang. Im Traum streicht dein Finger meine Lider, zupft eine Saite, mein Hemd, wortloses Wollen flüstert mich wach, einen Moment lang ist alles erleuchtet, Proviant für weite Reisen durch die Ebenen der Bedeutungslosigkeit, mein Trost und Turm in der Ferne. Ein Traum. Ich wünschte, ich könnte dich singen hören, um dir dann bezaubert die Treue zu schwören, mich täglich mit dir im Gespräch zu vergleichen, natürlich, mit Lyrik dein Herz zu erreichen. Dich umgibt die Aura des Allein-sein-könnens. Willst du frei sein im Glanze der Jugend, ist dein Schwert in einen Stein gefügt? Bleibt ein zartes 'Vielleicht' für den Wanderer - Ich falle trocken, harre aus, bis der Regen kommt? Ich bezweifle, es zu erfahren. Zu fern sind deine Blicke, zu schnell und strebsam deine Schritte, als dass es da kein Ziel gäbe. Doch einmal will ich es sagen dürfen, erlaube das, lass mich dies heftige Fühlen lindern durch zärtliche Minne, von zitternden Händen schweigend ertastet. Dann magst du nach Belieben verwerfen, wie sehr du mich rührst. Meine dunklen Tage sind erleuchtet, mein Sommer ist signiert mit deinem Namen.

(Music: Joep Beving, "The light she brings")

H2_Waldweg

Auf buntem Laub
wandelst du Angst
wird sachtes Fragen.
Wie schön erglüht
dein Lächeln, deine
feste, warme Hand.
Ich taste deine Stimme,
wer du bist, sein willst.
Worte steigen auf,
dass eines bei dir
landen möge,
an meiner statt.
Du meinen wilden
Herzschlag vernimmst.

H3_[blank]

Ein Schwärmen ist
in den Herbst gekommen.
Tiefer Sonne Partikelflug
in kalter Luft, leises Atmen
hinter mir am Berg,
bleibt alles. Skurriles
Adieu eines Fremden,
den du nie gesehen hast.
Lege ich das Fernglas nieder
und schaue wieder,
aus dem Fenster.

Die schöne Nachbarin

Treffe ich dich im Treppenhaus
ist es aus, kein Wort
bring ich raus. Ach ja.
Ich trete auf die Straße,
einen Hauch deines Parfums
in der Nase. Schwebe
erste Schritte auf der
5th Avenue. Lasse eine
Ballerina mit Kinderwagen
vorbei und werde Teil
des Abends in der Stadt.

Endschluss oder
Das letzte Abendmahl

Depression und Tinnitus,
Frohe Weihnacht, Gott zum Gruß
Tante kneift in Neffenwange,
mich machen die Raten bange,
Ehefrau streut Nörgelsand,
worunter längst das verschwand,
was mal etwas war wie Liebe,
heute knirscht das Paargetriebe.
Hoch darüber schwebt bequem
ein heller Stern aus Bethlehem.
Ich lass mich nicht lange bitten,
bin ja früher Pferd geritten,
setz mich auf den Lichterbogen,
habe lange mich verzogen,
wenn der Holden morgen dämmert:
Klar war ich manchmal belämmert,
vielleicht nicht die beste Wahl,
doch auch nicht das Jammertal,
darin sie sich immer wähnte,
worin sie so lustlos gähnte,
Macht nun alles ohne mich,
denn hier oben fühle ich,
wie ich immer freier werde,
durch den Sturz
zurück zur Erde.

3. Alte Fertigkeiten

(Raum für nostalgische Anwandlungen und Nietzsche-Tweets)

I-75, Lake City

Abend für Abend dieselbe Frage:
war es heute genug?
Jahr um Jahr vergeht wie im Fluge,
komme ich noch zum Zug?
Sollte ich mehr bei den Lebenden weilen,
ist die Einsamkeit klug,
wäre verfrüht am Nachruf zu feilen,
an dir feiger Betrug?
Versuche, es mir nicht zu verübeln,
ich suche zum Leben Bezug.
Abendrot, da kommt schon das Grübeln,
war es heute genug?

      Am Abend

      Ein Tag kann nicht
      gespeichert werden,
      kein Backup stellt
      ihn wieder her.
      Katzenlaute wie
      Babies dort draußen,
      Magie der Nacht,
      die mich ohne würdiges
      Tagwerk noch zaudernd
      ereilt, Unruhe ungelindert,
      ratlose Übergabe
      an das Dunkel,
      kein Brot für die Leser,
      nur Fragenflocken
      im stillen Sturm
      um alle Häuser.
      Sind es wirklich Katzen,
      die dort schreien?

Der Fährmann

Manchmal kommt man im Leben an den Punkt, an dem eine Fee erscheinen sollte, wenn man dem glaubt, was einen das Kino gelehrt hat, an dem man aber erkennen muss, dass es eine Lüge war und in der Wirklichkeit niemand im letzten Moment erscheint und doch noch alles gut wird sondern ganz im Gegenteil alles sich in exakt die Scheiße verwandelt, die man in dunklen Momenten befürchtet hat, was bedauerlich ist, da man nicht darauf, sondern insgeheim doch auf das Ende mit der Fee vorbereitet war, darauf gehofft und vertraut hatte, weil eben suggeriert wird, so sei das Leben, man könne diesen Satz ewig weiterspinnen und müsste nicht einsehen, dass man irgendwann dann doch, schließlich und endlich an den Punkt kommt, da ist es aus.

Die Verabredung
(meinem Vater)

Heute blicke ich von
einigen deiner Plattformen
in das alte Land, wie du
es gesehen haben magst,
das mir verschlossen bleibt,
bis ich steige, deine Spuren
sichtend, bedauernd, was
auf den Stufen blieb,
was Sprossen gesiebt,
was wir zu verschiedenen
Zeiten geliebt haben mögen.

Der Reisende

Als ich das tausendste Mal strauchelte, klagte ich kurz, wie es meine Art geworden ist, auf diesem langen Marsch. Dann rappelte ich mich auf, bedächtig, träge, wie mancher denken mag, der mich nur heute stürzen sah.

Der Todesstern

Gerade bin ich mir selbst auf die Schliche gekommen. Ich habe gesehen, wie ich funktioniere, ganz kurz nur, dann war ich um die Ecke verschwunden. Ich natürlich hinterher, aber ich war schon weg. Da stehe ich nun, glasrunde Kugel, unangreifbar, hart, bis heute. Nicht nur ich biss mir bisher an mir die Zähne aus. Nun ist da dieser Spalt. Ich bin gespannt. Jetzt weiß ich ja, wo ich mich auf die Lauer legen muss.

In die Tonne

Klüger werden,
Erwartungen anpassen,
Neuland betreten,
Pfade verlassen,
einsam sein,
das aushalten,
wieder runter in die Stadt,
sich dort raushalten,
schweigen über das,
was niemand verstehen würde,
die Geduld verlieren,
Einsichten als Ansichten vertreten,
als wunderlich gelten,
gemieden werden und
froh sein, daß man sich
in den Bergen auskennt.

In den Morgen kommen

Noch ist alles traumverloren,
seidig glänzt die fremd
bewohnte Seite, Stille füllt
den Raum gleich einem Duft,
Kissenrascheln, Muschelrauschen,
Ohren hören leis zurück, was
eben noch an Bildern stürmte,
als Welt sich über Welten türmte,
wer hat da noch was gesagt,
ein kleines Stimmchen klingt
von früher her, wird deutlich
draußen, schon erwachsen.
Munter treibt die Luft hinein,
auf auf, der Tag soll euer sein.
Einmal noch das schöne Lauschen,
bald schon kehr ich ewig heim,
Sehr ihr dort, das tolle Bauschen,
mir soll es die Welle sein,
darauf ich das Licht empfange.

Konstruktionsfehler

Zuckersand und kalter Kuchen,
wer kommt da, uns zu besuchen,
leichter Sonntag, grüner Garten,
während wir auf Regen warten,
Vögel ringsum in den Bäumen,
heute ist erlaubt zu träumen.
Wie schön könnte das Leben sein,
ließe man sich darauf ein.

Der Misanthrop

Sei so lieb und ruiniere
meinen schlechten Tag
nicht mit deiner guten Laune.
Was dir frech gelungen ist,
will ferner keiner hören,
der sich nicht trautes
Gewölk aus dem Blauen lässt,
die guten Worte rieseln gleich Sand
aus alten Wänden. Wer weiß,
wie lang sie halten. Alles
hält, und eben das mich
zusammen, erdgebunden.
Es geht dem Ende zu
von Anfang an. Siehst du
das denn nicht?
Ach so.

Ostermontag

Murmelteppich schallt das Fest,
Drachen gleiten durch den Raum,
Zeitvorrat in Abenteuertaschen,
couchbeschwerter Kuchenbauch,
Große wollen Worte machen,
Kinder fordern Explosionen,
regenbedingtes Spaziergangende,
doch noch versöhnliches
Reimen am Ende,
alles soll zueinander passen,
letztlich muss jeder
den anderen lassen,
Gruppenbild als des
Tages Krönung,
selbst an das Chaos
gibt es Gewöhnung.
TISCHBOMBE!

Provisorius

Ich wohne nur kurz in diesem Haus, nicht lang bin ich mehr in dieser Stadt. Die Frau lernte ich gestern kennen, morgen schon soll ich weiterziehen, mit neu gemischten Karten im Motel, als es klopft. Wind durcheilet den dunklen Gevatter, das Antlitz schwarz umrahmt. Sammle dich, nun ist es Zeit! Stöhnet er, knochig schlotternde Knie wie bei mir, doch bei ihm ist es die Kälte. Narr, der anzukommen wünscht, ich will dir den Gefallen tun. Wir verhandeln, zeitgemäß. Unbestimmt darf ich nicht bleiben, wie lang, wird heute nicht gesagt.
Am selben Abend schlug ich energisch Wurzeln ins traurige Parkett.

Schwierige Zeiten

Die Tage fließen Honig ineinander,
ziehen Nachtfäden in den Mittag,
schwere Lider schweifen ab,
stilles Blut rauscht süß im Ohr,
die warme Couch steht muschelgleich
bereit, Phantasten zu empfangen,
wie niemals einer Mutter Arm,
die Heizung morst ein Stahlgeräusch,
die Wärme deckt den Schläfer zu,
der liegend auf die Reise und
schweigsam durch die Tage geht,
fraglos werdend, arglos dämmernd,
findend eine Herzensrast.

Wiedersehen in Bilbao

Manch guter Freund ist alt
geworden und darüber weniger gut,
Manch anderer ist senil geworden
und weiß nicht mehr, was er tut.
Wie gut, dass im Laufe
der zahlreichen Jahre,
auf dem letzten Drittel zwischen
Wiege und Bahre,
ein neuer Freund alle Sorgen teilt,
und unverbrüchlich bei mir verweilt.
Kaum war alter Groll nach
Jahrzehnten verwunden,
hab ich den Typen
im Spiegel gefunden.

Dunst

Herbstluft, Spätsommer,
etwas mit Jahreszeiten,
ein voller Geburtstagsgarten,
gesellig auf den Winter warten,
Kinderschwirren, Besteckklirren,
Geschirrscheppern, Babyplappern,
und genug des Reimes,
Literatengeschleimes,
tiefe Sonne mild
im erwähnten Dunst
des Grillfeuers.
Ein Oktober von 30 noch,
sagt die Statistik.
Stirb jeden Morgen und Abend,
sagt streng der Samurai,
ein Würstchen sei ich,
ob all der Anhaftung.
Ich aber sage,
nimm doch eines. Das sei
meine Antwort heute.

Geysir

Brodeln, Lodern, tiefes Grollen,
ungestümes, altes Wollen,
Deiner wurd ich einst nicht Herr,
werde ich es nimmermehr?
Muss dich nehmen zum Begleiter,
trug dich her und trag dich weiter,
kann dich nicht aus mir entfernen,
das musste ich schmerzlich lernen,
du bist Teil meiner Struktur,
einer, den ich nur verwalte,
dich regiert nicht meine Uhr,
die ich in der Linken halte,
wenn die Rechte führt das Schwert,
fremd gelenkt vom eignen Willen,
matt bin ich und ausgezehrt,
kann mein Soll kaum noch erfüllen.
Glaubte ich, ich könnte fliegen
weiss ich mich nun erdgebunden,
um mich die Erlöser liegen,
du bist nicht leicht zu verwunden.

Doch, um all das zu erreichen,
bist du stets in meiner Nähe,
so wie du werd ich nicht weichen,
sieh auf mich, wie ich hier stehe.
Sei gewiss, wie du mich hast,
habe ich auch dich erfasst,
unser Kampf ist nicht vorbei,
eines Tages komm ich frei.

4. Fernweh

(Raum für Lagepläne verwunschener Orte)

Grasgeruch '68

Die Logik des Gelingens
beschwört der schlanke Guru,
Begeisterung ergreift mich,
wir alle hören ihm zu,
schon klatschen wir im Rhythmus,
wo einfach jeder mit muss,
wer zaudert wird gezwungen,
gemeinsam wird gesungen (muss),
dem Meister ist gelungen(?),
die Masse zu verblöden,
jetzt wissen sie es alle,
sie sinken matt zu Boden
und sitzen in der Falle.

Gelobt hatten sie mutig:
Das passiert nie wieder.
Jetzt sind die Knie blutig
und schmutzig wie die Lieder.
Gewesen ist es keiner,
man konnte das nicht wissen,
der Dolch, es ist nicht meiner,
ich bin auch zu verschlissen,
solln andre für mich büßen,
dort hinter jenen Bergen,
ich gieße hier die Blumen,
einer von sieben Zwergen.
Mich gibt es gar nicht wirklich,
man kann mich nicht belangen.
Und überhaupt hatte ich gute Absichten.
Wollte was für die Umwelt tun.
Und für den Frieden. Ja.

Andromeda

Ein Sturm wird kommen
sie heute oder morgen?
Längst liegen wir in Lagern
sie lieber ein, Vorräte von
Enttäuschung und Neid.
Bleibt es diesmal friedlich
ist der Schlaf der Kinder.
Steigen wir nach obendrein
kann niemand gewinnen.
Heilung unmöglich scheint
nur das miteinander
leben lernen. Recht
haben wir alle Universen
umkreisen sich, lauert,
dennoch die Anziehung,
die schwere Kraft.

Dünnes Süppchen

Dein Reden Oberwasser,
düstere Zeiten, schwarz,
mein Schweigen nimmt
deines vorweg, Hoffnung
auf Stille trägt weiter,
als Glaube an Besinnung.

Eine dieser Fragen

Wir diskutieren Kreise,
bedenken und hören uns reden,
selten zu. Man mag sich.
Das Kind schläft dunkel
auf hellem Matratzengrund,
der Himmel, leises Atmen.
Gedanken bleiben am Boden,
Pläne gefaltet, angelegt
beim Höhenflug. Routinen
drehen Turbinen, erzeugen
Strom von Fehlleistungen,
darauf wieder ruhiges Rudern,
Widerhall von Plätschern
in der Kathedrale, die
wir trocken legen werden
oder nur wollen.

Fernweh

Wen hast du da
ins Haus gelassen
kann ich nicht mehr
sein wir ehrlich das
Thema ist zu ernst.

2018

Autoscout.
Immoscout.
Friendscout.
Ein anstrengendes Jahr.

Metalhead

So kalt sei sie,
zum Fürchten.
Kreischend bremsen
wir nicht, singen
Lagerfeuerlieder,
das können sie nicht.
Dann bricht der Walker
krachend aus dem Holz.
Turbinengeräusche,
ein Gasantrieb, wie einst
der M1 Abrams.
Dann ist aber mal
so was von der Ruhe,
die alle sich wünschten.

Lange schlafen

Wohin ich auch ging,
stets blieb ich ein Fremder.
Man sah in mir, was man
sehen wollte, ich sollte,
las und spielte das. Die
Vorstellung hat sich
und mich erschöpft.
Jüngste Kritiken beklagen
einen Mangel an... doch für
Authentizität ist es zu spät.
Das falsche Publikum hält
den Abgang für einen Teil
der Show.

Sondierung

Wir werden regiert
von Idioten, darauf
reimt sich nur "die Lofoten".
Doch sagt einer
das war nur Spaß?
Das war nur
geschütteltes Glas.
Die Schneekugel auf,
wir alle sind frei?
Für mich eine Lösung,
ich wäre dabei.
Leider ist das
alles ernst gemeint,
ich habe gewählt und
ich habe geweint.
Und nun seh ich mir
dann und wann,
mit Fernweh den
hölzernen Globus an.

Am Hang

nachts in der Küche
schweift der Blick raus
übers Tal, Lichter auf
der anderen Seite sind
der Bug des Schiffes.
Es schwenkt unter mir
durch, einflößend, riesig.
Kursänderung eines
Gedankens, eines Fremden
in diesem System.

Sparta

Einst sang ich die
Lieder der Vielen,
und hörte nicht
dein leises Gedicht.
Heut steh ich
bei den Thermopylen,
denselben Wind
wie einst du im Gesicht.
Ach, gerne rief ich,
wie leid es mir tut,
wir sehr er mir fehlt,
dein einstiger Mut.
Ich nehme dein Schwert,
und kann es kaum heben,
dir war es das Wert,
um aufrecht zu leben.
Sieh mit Geduld
auf den garstigen Lehrling,
mit dessen Reife erst
Demut einherging.
Ich grüße den Meister,
und nehme den Bogen,
den Weg zu erschließen,
wie von dir erzogen.

Zwischen

Provisorien findet das Leben statt.
Der Cortex bedient einzig
das limbische System.
Welchen Spaß sollte also
eine körperlose KI haben?
Wie soll ein Programm sich
einen runterholen? Ein Algorithmus
bandelt mit einer Subroutine an?
Fragen.
Unerfüllte Pläne verhängen die Sicht,
auf das, was da ist, gerade,
vor mir, auf dem Küchentisch.
Reality. Vulkaniergruß.

5. Businesslyrik

(Raum für Phantombilder von falschen Fuffzigern)

Gehaltsverhandlung

Der Chef spricht vom
gordischen Klumpen,
er ließe sich heute
nicht lumpen.
Dann spricht er
vom fliegenden Finnen,
ich sollte das
Musical kennen.
Ring des Prometheus,
Koloss von Athen,
das Furunkel von Delphi
müsse man sehen.
Man müsse auch
ehren den Cent,
darum dieses Jahr
2 Prozent.

Schlechter Verlierer

Der Vorstand
lässt mich warten.
Sein Vorrecht
und billig. Ich bin
gesprungen und
im Beiboot gelandet.
Da, ein Knochen
kommt geflogen.
Sollst oder nicht
leben wie ein Hund.
Doch deine Enkel
heben das Bein
an deinem Grab
und pilgern dann
zu meinem.

Consulting

Wir wollen ehrlich zu
verlässig, vertrauensvoll,
X für ein U, wollen wir nicht,
wollen Sie, was wollen
wir erreichen, Ohrensausen.
Die Beraterin bestätigt
jedes Vorurteil, X sei U,
ahnungsloses Stöckeln,
Krankheit vor Sachfragen,
Unvorhergesehenes
verhindert Konkretes,
Zurechnungen vage,
draußen Verantwortliche,
Systeme ad absolutum,
Standardverhalten macht
unseren Wunsch exotisch,
in the clouds, hoch oben
die Rechnung pünktlich.
Hierdurch der Gegenbeleg
für ihre Unterlagen.
Auf Papier.

Kalte Küche 2018

Wein aus der Flasche trinken, und es mit Künstler-sein erklären. Beim Swypen von Porno-Präferenzen ertappt, Prusseliese pikiert, peinlich. Zwischen zwei Portfreigaben einschlafen, dann im Traum alle Türchen am Weihnachtskalender aufgemacht. Kobolde drin, zappeln. Bin ich erstaunlich doof für mein Alter, ist mein Alter doof, es also geerbt, was würde das ändern? Wer bezahlt was? Nur eine Minderheit erhebt sich über Immergleiches. Ich schaffe es nicht mehr. Erkenntnis, Anerkennung, Amerika! Ich bin eine Enttäuschung und haue in die Tasten. Mein Keyboard steht nicht in der Fußgängerzone.
Kein Ruhm. Kein Regen.

925

Wolkenflug vor
Zwangsfenster.
Square. Stapelbar.
Eine weitere Stunde
schließt sich der
Reise an, bildet
Ecken aus, doch
passt sich an,
dann durch
und ist frei.

Smalltalk

Der Saal noch leer,
es wird eingetrudelt.
Kaffee und Cola,
zum Teil wird gesprudelt.
Freiwillig sitzen
die wenigsten hier,
die meisten bevorzugten
sicher ein Bier.
Damit wär es leichter,
die Zungen zu lösen
(und ich könnte friedlich
dämmern und dösen).
Dort vorne, das muss man
mal ganz nüchtern sehen,
wird heute nichts
Interessantes geschehen.
Sucht echte Passion,
ihr Jünglinge, Mädchen,
sonst dichtet ihr einst
wie ich kleines Rädchen.

20 Millionen

Thandie Newton und Tom Cruise
driften synchron. Ich gehe nur
zur Herrentoilette, während eine
Kollegin zur Damentoilette geht.
Wir öffnen die Türen synchron.
Ohne Bezahlung.
Tannhäuser Tor,
tears in the rain.

Der Arbeiter

Parkplatzminuten
fliegen schnell,
die Opferstätte in Sicht,
Zeit verkaufen für
fremde Idiotien und
eine Handvoll Dollar.
Der Colt säße locker
am enger geschnürten
Verantwortungsgürtel.
Ja ja, der Giersch, doch
da das neue Kinderfahrrad
Sammelt euch, oh Regenmacher,
hoch die Schirme,
es sei stets genug.

6. Oden an T.

(Raum für Neuanfänge und Verwandlungen)

Der Jäger

Bald gehst du und
ich bleibe Rückkehr.
Bald fliegst du und
ich hacke Holz.
Bald wanderst du
durch fremde Städte,
meine Sorgen im Gepäck.
Du lässt Sie stehen,
an einer stark
befahrenen Straße.
Ich eile herbei, als du rufst,
doch keine Gefahr,
es ist nur gefährliche Freude,
die mir immer Fremde,
die dir mir Tropf zum Trotz
stets folgen möge.
Ich breche meine Ansichten
und reiche dir
die Hälfte ohne Gift.

Janus

Grimmig geh ich voraus,
die Wellen für dich zu brechen.
bewache das schlafende Haus,
suche die feindlichen Schwächen.
Am Morgen rufst du mich zum Spielen,
ein Wörtchen nur entballt meine Hand,
durch dich ziehen sich Parallelen
und mich in lange vergessenes Land.
Verborgen steht dorten geschrieben,
gemeißelt in des Solisten Gebein,
wie wenig einst galt sein Belieben,
was lebt heut gefangen
in Mauern aus Stein.
Anstatt den Moment zu bewahren,
genießt du ihn jetzt und
ziehst mich noch mit.
Was ich litt, sollst du nie erfahren,
das lenkt in der Nacht
meinen stoischen Schritt.

Zartes Anwesen

Als du fort warst,
habe ich in deinem
Bett geschlafen, auf deiner
Couch gesessen, in deiner
Welt deine Dinge mit
deinen Augen gesehen,
als Stellvertreter deine
bemalten Wände betrachtet
und die Fotos, die wir
gemeinsam in deine
Erinnerung aufgehängt haben.
Bedeutende Wände,
Raum künftiger
Träume und Wünsche,
jungen Ringens mit
sich und anderen.
Wird mein Helfen Tun
oder Lassen sein?

Wiehltalsperre im Frühling

Neben mir geht ein kleiner
roter Schirm, darunter wird
munter geplaudert. Es regnet,
deswegen wische ich mir
über die Augen. Vor lauter
Glück.

Kleines t

Du lässt Felsen
tanzen, steinerne Herzen,
deine lockere Präsenz
in meines rechten
Armes Schlummer.
Du öffnest mich fest
verschlossene Sache,
lachst hinein und alte Blätter
schaudern ofenwohlig.
Was diese Worte sind
meine Liebe, fragt man
sich, erinnert dich, vielleicht,
einmal an mich. Darf ich
deine Hand und somit
noch einmal sein?
Wangenkitzeln.

Deine Durchreise

Kaum bist du da,
hat das Plappern
sich geschärft.
Frecher Vers wird
Argument, Momente
nur, schon willst du
fliegen? Wohin mit
mir? Du hast mich
umgebaut, neu
eingerichtet.
Nun steh ich leer,
erhoffe Besuch und
meine, die Uhren
sind defekt.

Wütend warten

Zuminutung,
Sekundenstich,
laut GENUG sagen.
Vermisse dich
vermiese mich,
es kaum ertragen.
Gedenkegedanken,
die Ängste beschranken,
und Wann-Fragen.
Es wird nicht besser,
ich öffne das Messer,
die Wand schlagen.
Dann endlich die Lichter,
ganz rot die Gesichter,
raus aus dem Wagen.
Schuldigenblut,
macht alles gut,
dich heim tragen.

Gute Nacht

Dein Schlaf ist ein heiliger Ort.
Zum Abschied ein Küsschen,
du plauderst ein Flüsschen.
mit einem Mal bist du dann dort.

Du schwebst durch die Tage,
in Bildern des Werdens,
des Wild-sich-gebärdens,
noch diesseits der mächtigen Frage.

Im Schlaf sieht uns Gott alles nach.
Der Gaukler muss weichen,
statt dich zu beschleichen.
Erleuchtet sei stets dein Gemach.

Zu Ende gelesen.
Als dein Begleiter,
heut Abend und weiter
bin ich glücklich gewesen.

Momentum

Draußen fluchen Enteisende,
drinnen wärmt sich die Reisende.
Auf Händen sitzen.
Grauen Winters Sonnenmorgen.
Anhub über Hügelketten,
Spiel darunter langer Schatten.
Alltagsfahrt mit Standardsorgen.
Hinten sitzen, machen lassen,
von Fliehkraft links und rechts geneigt,
weilt sie schauend da und schweigt.
Vorn der Wunsch, nichts zu verpassen.
Sich nicht unterkriegen lassen.
Mut fassen.

Fernes Glück

Natürlich könnt ich
aus diesem Leben
hinüber in jenes
dort drüben streben.
Doch fehltest im neuen dann du,
da höre ich nicht weiter zu.
Kein Haus, kein Geld,
kein Ort dieser Welt,
kein Lieben, kein Lachen,
kein fröhlich Erwachen,
wär denkbar für mich,
ohne dich.

Verbindlichkeit

Bald bist du zu groß, zu schwer,
dann kann ich dich nicht mehr tragen.
Vermissen werde ich dein Meer
von kindlich klugen Fragen.
Was dieses meint, was jenes heißt.
Die Antwort ist manchmal erfunden.
Ich staune oft, was du schon weißt,
und habe längst nicht verwunden,
dass es so nicht für immer ist
und du auf einer Reise bist,
die ich nur teile abschnittsweise,
zurücktretend, zunehmend leise.
Das lässt mich hadern, manchmal weinen,
Was hat er sich dabei gedacht?
Hilft es mir, ihn zu verneinen?
Warum hat er die Zeit gemacht?
Der Narr in mir, er hadert weiter,
derweil der Sand läuft durch die Uhr.
Dank dir war ich oft leicht und heiter,
nimm dafür diesen Liebesschwur.

Die Trunkenen

Ich würde den Mond
für dich losschrauben
und ihn neben dir absetzen,
damit du ihn aus der Nähe
betrachten kannst,
wie ich dabei dich,
bevor ich ihn zurück bringe,
für die anderen
verzauberten Väter.

Inhalt:

1 Stunde Deutschunterricht	13
20 Millionen	52
2018	41
8 Minuten	18
925	51
Allgemeinplätzchen	18
Am Abend	27
Am Hang	43
Andromeda	40
Boygroupie	14
Consulting	50
Das traurige Lied vom Montag	9
Das Trennungsjahr	17
Deine Durchreise	60
Der Abstieg	8
Der Arbeiter	53
Der Fährmann	28
Der Jäger	57
Der Misanthrop	32
Der Reisende	29
Der Todesstern	29
Die Mitwirkenden	19
Die Schicksalszeche	10
Die schöne Nachbarin	23
Die Trunkenen	65
Die Verabredung	28
Dünnes Süppchen	40
Dunst	35
Eine dieser Fragen	41
Endschluss	24
Erleichterte Matrosen	13
Fernes Glück	63
Fernweh	41
Flughafenparkplatzgefühl	20
Gehaltsverhandlung	49
Geysir	36
Gipfelkreuz	11
Grasgeruch '68	39
Gute Nacht	62

H1_Lyrics für	21
H2_Waldweg	22
H3_[blank]	22
I-75, Lake City	27
In den Morgen kommen	31
In die Tonne	30
Janus	58
Kalte Küche 2018	51
Kleines t	60
Konstruktionsfehler	31
Lange schlafen	42
Metalhead	42
Millenial bitch	17
Momentum	63
Ostermontag	33
Provisorius	33
Relevantes	12
Schlechter Verlierer	49
Schneefuchs	12
Schwierige Zeiten	34
Smalltalk	52
Sondierung	43
Sonntäglicher ck-Impuls	19
Sparta	44
The Circle	7
Unvernünftig im Sommer	7
Verbindlichkeit	64
Wiedersehen in Bilbao	34
Wiehltalsperre im Frühling	59
Wütend warten	61
Zartes Anwesen	59
Zwischen	45

Kritische Stimmen*

»Ich feier das nicht. Muss ich ganz krass so sagen. So sehr nicht, ey.«
»Da les ich lieber die Biographie von den Devid Haselhoff.«
»Schreibt der nicht die Horoskope beim 'Bild der Frau'?«
»Interessiert mich einen Scheiß, Bratan, ehrlich jetzt.«
»Das erste Heftchen noch unterboten. Reife Leistung.«
»Bei einem habe ich kurz gedacht... Aber nur kurz.«
»Erinnert mich so'n bisschen an Glückskeks-Texte.«
»Und das bezahl ich mit mein GEZ, oder was?!«
»Literatur ist tot. Kapiert der Lauch das nicht?«
»Alter, das zieht mich voll runter. Geht's noch?«
»Ey der Shindy kann reimen. Ruf den mal an.«
»Noch keine Antwort? HIER wirst du fündig.«
»Dies, das. Stock-im-Arsch. Gefühlsscheiß!«
»Kann ich nicht ernst nehmen, so was.«
»Die Zeit, Uhren. Und? Weiter?«
»So'n Psychotyp, ne?«
»Kunstkacke.«
»Pfft.«

*weitgehend frei antizipiert nach dem Studium von Instagram, Twitter, YouTube etc.

www.martinwessely.com